Fra kærlighedssalmer

Digte

Omslag & Design af Yse Møller

www.zanileart.dk

Forlag: BoD – Books on Demand, Hellerup, Danmark

Tryk: BoD – Books on Demand, Norderstedt, Tyskland

ISBN: 9788743049470

Metin Cengiz

www.siirden.net

Metin Cengiz

Fra kærlighedssalmer

Oversæt fra engelsk til dansk af Max Møller

(Oversæt fra tyrkisk til engelsk af Neil P. Doherty

Oversæt fra tyrkisk til engelsk af Müesser Yeniay)

INDHOLDSFORTEGNELSE:

Forord

Poesien i sluttet og åbne former på essenser af realiteters dramaer – udtrykt i æstetiske poetiske formler, som skabt gennem erfaringer over liv - i tiden. Spørgmålene som udskrives i svarene på digterens poesi, det unyttige i livets forfald og opståelse med tonerne fra det immatrielle erfaret sanseligt og udkommet til kernen af konglomeratets cyklus om sjælelivets tilbagevendende bevarelse.

Digtene er naturen i livets anvendelse på geomatrixen og det organiske i ånden og sjælens veksel på etisk og æstetiske beskyttende liv til menneksets evolution.

Tid – æstetik og evolution, smelter sammen i poetens medium af ord, som det ufortalte er fortalt i stumme timer.

Max Møller

Biografi og portræt:

Metin Cengiz: Er en internationalt værdsat digter, oversætter, udgiver og fremmer af moderne international poesi (f. 3. maj 1953, Göle). Han gik på Göle grundskole (1964), Kars Alparslan High School (1972) og dimitterede fra Erzurum Atatürk University, Fakultet for Grundvidenskabelige Videnskaber og Fremmedsprog, Institut for Fransk Sprog og Litteratur (1977). Da han studerede på universitetet, arbejdede han som civilofficer ved det tyrkiske statistiske institut i en kort periode (1973). I sin ungdom er han blevet arresteret mange gange for at udgive politiske tidsskrifter og deltage i politiske handlinger. Han arbejdede som fransk sproglærer mellem 1977-1987 i provinserne Erzurum, Kars og Istanbul. I mellemtiden afsluttede han sine studier ved Marmara

University, Institut for Fransk Sprog. Han blev idømt to år af militærregeringen den 12. september 1980. Under sin tjeneste som lærer blev han mange gange forvist. Til sidst, da han blev forvist til Muş, en landlig provins i det østlige Tyrkiet, trak han sig ud af den offentlige tjeneste. Han vendte tilbage til Istanbul og begyndte at arbejde som korrekturlæser, redaktør og oversætter på flere forlag. I 1993 vendte han tilbage til offentlig tjeneste som fransk sproglærer og gik på pension i 2002. Han skrev især om poesiens problemer i store litteraturtidsskrifter som Hurriyet Demonstration, Varlık og i forskellige andre aviser. Han etablerede Poesi Forlaget i 2005, i samarbejde med sine venner, for at udgive digte og essays om poesieteori. Han organiserede flere internationale festivaler i Yalova, Çanakkale og Nicosia. Han arbejdede også som rådgiver for Eskişehir International Poetry Festival og i en kort periode var han en af arrangørerne af International Kartal Poetry Festival. Han deltog i adskillige internationale festivaler og symposier. Han er medlem af Writers Union of Turkey, Association of Turkish PEN Writers og Turkish Authors Association. Hans digte er oversat til flere sprog, såsom Hans digte er oversat og udgivet til flere sprog, såsom albansk, arabisk, aserbajdsjansk, bosnisk, kinesisk, engelsk, fransk, tysk, græsk, hebraisk, ungarsk, indu, italiensk, japansk, kurdisk, makedonsk, portugisisk, persisk, rumænsk, russisk, serbisk, slovensk, spansk, ukrainsk, usbekisk og vietnamesisk. Hans udvalgte digte udgives på fransk med titlen Apres le Tempete et Autres Poemes (2006, Harmattan). Levant Magazine udgav hans otte digte sammen med deres originale Tyrkiske under titlen "Divan" (2009). I Rumænien er hans digte publiceret i magasinerne Convorbiri Literare og Poesia (2011). Han redigerede antologien med titlen Çağdaş 17 Turkish Poets (Contemporary 17 Turkish Poets), som er udgivet af Harmattan Publishing (2009). I samarbejde med den franske digter Michel Ménassé gennemførte han et oversættelsesprojekt. I dette projekt blev digte af franske digtere udgivet på tyrkisk i poesitidsskrift, og tyrkiske digteres digte blev udgivet i tidsskriftet French in Europe (2014, nr. 1019) under titlen "Voix d'İstanbul" (lyden af İstanbul)). Hans udvalgte digte er ved at blive klargjort til udgivelse i Albanien, Colombia, Italien og USA. "Hans poesi drager fordel af traditionen ved at udfordre den, afspejler den moderne verdens realiteter og forsøger at uddybe dem i dybden med livets realiteter som afspejlet fra hans indre verden. Som bekendt med sine artikler om poesi i sin tidlige periode, er digteren blevet en af pionererne i perioden efter 1980 med sine teoretiske artikler og diskussioner om poesi." Hans digte er blevet offentliggjort på Tyrkisk som en fil i tidsskrifterne Anthologies and Journals Abroad Levant (2009, Montpellier, Frankrig), Convorbiri Literare (Rumænien, juli 2011) og Poesia (Rumænien, 2011). (2009, Paris), Contemporary Turkish Poetry Anthology with Jaime B. Rosa blev udgivet i Spanien (2013); "Antologia di poeti italiani e turchi/ Tyrkiske og italienske digteres antologi", som han udarbejdede sammen med Vito İntini, blev udgivet i Italien under titlen "Como Cerchi Sull'acqua/ You're Like Rings in the Water" (2014, Grafiche Vito) Radioredaktør). Som et resultat af hans samarbejde med den franske digter Michel Ménassé blev der lavet oversættelser fra Franske og Tyrkiske digtere. Franske digteres digte er publiceret i tidsskriftet Poetry; Tyrkiske digteres digte blev publiceret i magasinet Europe med filnavnet

"Voix d'Istanbul" (Istanbuls stemme) (2014, nr:1019). Hans digte er blevet publiceret i mange magasiner, festivalantologier og antologier i udlandet: (Les promisses du siecle, Gérard Augustin et Michel Cassir, L'Harmattan, 2010, Frankrig), (Coup de soleil, nr. 90, 2014), (Pour Gérard Augustin, textes et témoignages, Paris, 2014), (Le pays est une pâle frontière, anthologie solidaire initiée par Khal Torabully, 2014), (Voix Vives de méditerranée en méditerranée, anthologie Sète 2012, 21 Fundatiologie Liric, 20), (Overthrowing Capitalism, Revolutionary Poets Brigades, udgivet af Jack Hirschman og John Curl, Kallatumba Press, San Francisco, 2014), (With Our Eyes Wide Open, Poems of the new american century, udgivet af Douglas Valentine, West end Press, 2014), (Coup de soleil, poésie et art nr.90, 2014), (Revista de poésia prometeo, numeros 98-99, 2014, Medellin), (Les premisses du siècle, Harmattan, 2010), (Traduzioni sparsc, Guippe Napolitano), 2014), (Tema, 1/2 et 3/4, Kroatien, 2013), (НАШЕ ПНGMO, 71-72, 2011, Makedonien), (Balk an Poetry Festival, 2013), (One Yet Many- The Cadence of Diversity, redaktør Rati Saksena, Kritya, Indien, 2013), (Serbian Literary Magazine

2012 et Serbian Literary Magazine 2013), (Kado, Calea Poeziei, Bosnie-Herzégovine, 2013), (48. Beograd International Convention of Writers, 2011), (Contemporary Turkich Poetry A Selection; Boğaziçi University, redigeret af Suat Karantay, 2006, Istanbul), (Voix de la méditerranée, Lodev, 2006), (Rencontre international de poésie, Bosnie-Herzégovine, 2007), (La poésie resistente, 2010, Napoli-Italien), (april international poesifestival, 2005, 2006, 2009, 2010, 2011, 2012, 2013), (ЗΛБРУСΛУ, Moskva, 2002), (Poesia) Venizia, Antologia poetica, Marco Nerco Rotelli, , ArtProject, Decembre 2015, Venedig, Italien), (Piu non sai dove il lago finisca, Laura Garavaglia, Stampa, 2015, La Casa della poesia di Como; Italien), (La poesiae) il viaggio, antologia, Laura Garavaglia, Dome Bulfro, Andrea Tavernati, iQdB edizioni, 2018, Italien), (La Stanza del poeta, Giuseppe Napolitano, 2017, Italien) (Seno Amaro, Antologia di poeti italiani, Lannistra e. , Volturnia Edizioni, 2019, Italien), (Espaco de Ser, Maria do Sameiro Barroso, Livros AEΔO, Portugal, Avril 201 8). Ubetлu, om Розалия Александрова, 2019, FastPrint Books, Bulgarie), (Poezia La Laşi, maj 2019,

Adi Cristi, Roumanie), (Europoesien 2019, Stelu Bucavala şi, Croneedit Stan, Cronedit, Cronedit, Cronedit, Luzië, Croneditt 2019, Laşi, Roumanie), (Vagabondi Lyrici Internatonali, Antologie de Poezie, Florin M. Ciocea, Bucureşti, 2019, Roumenie), (Come cerchi sull'acqua/You Are Like Rings in Water, antologia di poeti italiani e turchi, Vito İntini- Metin Cengiz, 2014, Italien), (48. Beorpaacкн metyhapoahh Cycpeth Nhcalia, Beotpaa 2011), (Poesi og historie, 50th Beograd International Writers Assembly, 2013, Pesic ı Sinovi, Serbie), (La main millénaire, poetes turcs d'aujourd'hui0 Védrines, 2016, Frankrig), (Metafora Wspotczesnosci, anthologia, redaktør: Alicja Maria Kuberska, Izabela Zubko, Agnieszka Jarzebowska, 2018, Pologne), (Antologie, Festivalul Mondial de Poezie Mihai Eminescu, Ion Deaconescu, Editea Revers, Editea, Omea2015, September, Oman et symposium af digtere, Jack Hirchman og John Curl, revolutionære digterbrigade, Kallatrumba Press, 2014, USA), (Festivalul mondial de poezie Mihai Eminescu, Ion Deaconescu, 2018, Editera Revers, Craiova Roumanie), (Tyrkisk poesi i dag, Mel 2017, Kenne, İdil Karacadağ, Neil P. Doherty, Redhand books, England),

(Khong Gian Khac, Mai Van Phan, Nha Xuat Ban Hoi Bha
Van, 2016, Hanoi, Vietnam), (Love Postcards , international
anthology of poetry, editors: Alicja Maria Kuberska, Alicia
Minjarez Ramirez, Night in Gale Publisher, 2018 USA),
(Inserare pe Bosfor, Antologia de poezia contemporana turca,
Niculina Oprea, Tracus Arte 2015, Roumanie), (Antologia
Liraca, Revistei Anteres 2014-2015-2016-2018, Cornue Antoni
, Galati, Roumanie), (Di Versos, Poesia e Traduçao, nr. 32,
Ediçoes Semper-Em-Pé, 2021, Portugal, Lissabon), (7th
Athens World Poetry Festival, Circle of Poets, Dimitris
Angelis, 2021, Athen, Grækenland).

KÆRLIGHED

Hvorhenne, hvornår det har Jeg glemt

Græsserne afbrændt af solen

Træer og deres skygger smelter

Vind åndede ind i Rakien, drak den op

Ingen duft af vild rose

Ingen sang af græshoppen

Bare hendes stemme ringende i mine ører.

Bare hendes øjne over den uendelige steppe.

Horisonten voksede rød med hende, Solen

Dansede hendes lys over vores hoveder.

Sommer siden jeg sidst så hende.

Sommer siden jeg lærte, at jeg havde et hjerte.

Men hun komponerede en anden sang

En som livet allerede havde skrevet til hende.

KRIG

Overalt trækker vi luften af krig ind
Selv i navnet strejfer næseborene
Som duften af brød på afstand.
Det er, selvom noget kæmpet indeni os
Livet og dets våben tester døden
Ved at dræne ordene for deres blod.
Skærmene er så tæt på himlen
At det er umuligt ikke at se Gud
Tempoet fra front til front.

"Gud må være blevet gal" siger min søn
"ikke engang den, der jager sit eget sind
Kunne være så meget en fjende for ham selv."
Jeg tænker lidt over, hvad mental er
Føler behovet for at sætte sig ned på en stol

Og drikke igen, indtil jeg er virkelig fuld.

Måske vil jeg snuble over den ring, jeg mistede

Som min kone gav mig en lysende nat

Der blandt småstenene, hvor jeg har forlagt den.

Farvel min barndoms kærlighed,

Farvel min barndom.

Hallo Gud.

DØDEN TILBEDES I MIT LAND

Døden er beundret i Mit land

Døden pisker luften, - når han dør

Klædt som han er i en sort smoking

En ung mand i frakke og jeans

Kaster al mening i luften.

Døden er beundret i mit land.

Alt, hvad der er gjort, er på vegne af det

Den når ind i hver en krog i enhver afkrog

Den tager skikkelse af det vand, som den flyder med

Det er måske den eneste grundlægger af staten

Den hænger på hjørnet hver dag, vi mødes.

Det er vores morgenmad, middagen på vores bord.

Det er en modstander, hvis du leder efter en

"Farvel min elskede, i morgen mødes vi i døden"

Ord tygges som et tyggegummi i munden.

Døden er tilbedt i mit land.

Det er alles velsignede martyr

Ikke duften af appelsin om Efteråret

Heller ikke farven på lilla, der blomstrer om foråret.

Om vinteren og sommeren i hver sæson sin lyd

Høres som et vandfald, der vælter ud over gaderne

Det er ham, der foreslår, at vi mødes i biografen

Og ham, der hemmeligt hilser på den elskede.

Døden græder i mørket i stedet for regnen.

I KRIG

Først kom krig ind i vores liv med ord

Som om det kom til os fra landet

Selv fugle bar kugler til soldater.

Vi vidste ikke, at det kom på gudfrygtige fødder

Springer fra by til by

Indgåelse af de lege, fattige børn spillede.

Desperate mennesker spiste det sammen med deres brød

Regeringen spredte det som honning på vores brød

Mens soldater tordnede på gaden.

Elskere forkortede at elske

Men jeg søgte ly i kærlighedsfremstilling dag for dag.

Så kom den ind i vores sange med sin rædsel

Som om at kvæle os, når vi trak vejret

Det var langt fra vores hjem, men i os

I dagevis lavede vi det tilbehør ved vores Raki

Det var som at drikke uden vand, men det skete

Og nogle af os blev helte, når vi drak for meget

Og holdt op med ilden et øjeblik på kampfronten.

Brød var tyve gange dyrere

Vores elskere ændrede deres mænd vanvittigt

Vores forældre døde, mens de ventede på fred

Vi blev forældre, mens vi ventede på fred

Vi kunne ikke forstå, hvorfor krigen ikke sluttede

Så kom vi til at vide, at med vores lille krig ikke sluttede

Så fik vi at vide med vores små sind

At tumoren vokser i os

Og kære læser, denne tumor er dig.

ISRAEL

Fra hvis stamme nu kommer jeg

Hvilken gud velsigner mig i denne stenede helligdom?

Jeg er ankommet med fuglene, i maven på fuglene

I ærefrygt stirrer jeg på dig i min drøm

En sø stille, siv stille

Og idoler synger til deres Gud

Udstråling kendt kun til sin egen hemmelighed

Udstråling - en døsig djævel

Og et forvirret billede, der svinger frem og tilbage

Som en engel, der brænder for sin opgave

Men jeg, digter, jeg sporer tangenter

Til livmoderen, jeg skal nu ind.

Lad alle leve med fortiden, der har opdraget dem

Og en beruset halvgud strækker sig i kroppene

Lad alle gensidige betydninger juble, formere sig

Og klap i stedet for ethvert flag på himlen

Digtere klemmer sig om dens skygge

Som en træstamme, der drikker i solen

Mens tidens grene og blade bliver hængende

At velsigne alle levende og døde.

Oppe i træerne en sang, men hvis er den?

I den evige ørkens velsignede dybde

***

Mine vinger er tynget, mine skridt falder

Som fugtig gnave i træ

Jeg taler i stensproget

Og husly i en hule lavet af vindhyl

Jeg tygger ordene som tyggegummi

Og svinge som en drage fanget i vinden

Senere med sange, der for længst er glemt

Jeg vil fare vild i ørkenen, hvor jeg er begravet

I lang kaftan og tykt skæg velsigner naturen sig selv.

Og jeg er her, nærværende, mig selv.

Som et råb bøjer den sig for sig selv

Denne mand er måske en mand til gudstjeneste.

Ud af tågen - fortidens hyl hylder han naturens tinder,

Men hvad er det, han velsigner? Hvilke guder påkalder han?

Hvilken flod løber gennem ham? I hvilken begravet fortid

-   dvæler hans vågnede selv?

Og Kristus lever siger alle stemmer i kor

Kristus lever siger selv slangerne, insekterne.

Johannes Døberen bærer sin sjæl og går blandt os

hælder Jordans himmelske vand over os

Over forandringens bånd springer jeg og vender tilbage

Kapeller, templer, kirker, synagoger og moskeer

Alle sætter sin egen kasket på sit eget hoved

Alle strækker sig til fortiden

Som om at falde ned fra en mørk brønd.

***

Tiberias tager en dyb indånding

Rejser sig som maven på en ophidset kvinde

Dens vand dér, hvor sivene hviler

Jeg sigter ordet for at velsigne det.

ILHAMİ

1-

Kom nu, min ven, glem vandstrømmene

Vandet bølger, vandet falder til ro, vandet

Er skyen faldet over jorden

Hvad er en sky, min ven, himlen er for lang

Regnen, stormen, så solen

Så spørgsmålet, om vi studerede livet i skolen

Så det mel, som nogen laver af hvede.

Det er det min ven, det starter som en hest, der rejser sig

Hvor er det svært, at livet ligner et løb

Vand flyder, vand flyder og flyder

Stenene kigger på det, når de bliver til sand

Livet, min ven, er en kugle af tråd forvandlet til et rod!

Og svedig, en hest ved at knække

2-

Kommer asken ind i munden eller dens sjæl?

Hvordan tåler græsset mangel på tunge, åh profet?

Livet er dødens mest komplicerede bror

Og et menneske er en hests grinende mod himlen

Lyden af et festmåltid tilbage fra stenalderen

En kro, som en flygtning huserer i.

Vi kaldte det livet, vi levede, som om vi drak Raki

Så taljen på den skruppelløse borgerlige er forkrøblet

Tiden sigtede os, skæbnen ramte os hårdt

Rasende den rabiate ulv i vores land kaldet facisme

3-

Livet er uden nåde, İlhami, sandheden er bitter

Vinden blæser, vinden blæser og blæser

Livet bliver til en flammekugle, muslimernes liv

Hverken ordet İlhami eller ordets dæmoner er tilbage

(Så hvilken mestrer gennem hvilken handling

kaster kronen i gaderne?)

Livet er som vand, İlhami, det holdes ikke.

Det, der hviler i vores hænder, er en astringerende smag

Uret slår, uret slår og slår

Check og mate overlades til den klodsede spiller.

Min bror, som beskytter dem med sin egen krop

Du er et lys nu på vejen, du er et tegn.

4-

Jeg har skrevet om et billede ved at læse et ansigt

Fortiden er nær İlhami fremtiden er langt.

(1): Til min digterven İlhami Çiçek, der begik selvmord

REGNEN

-1-

I går så jeg regnens fald

Regnen, der forvandler alt til himmel

Nu hænger alt i luften

Som om den var frosset et øjeblik, før den falder til jorden

Sindet forvirret mellem begge elementer

Svæver der som en fugl i flugt

Jeg fik et glimt af dig, -din regn som blik regn som krop-

Og kastede mig ud i den faldende regn, mens jeg klamrede mig om din krop

Tilskuere havde ondt af fjolset og sagde ah, han må have mistet forstanden -

Så brølede jeg: Hold jeres sind for jer selv, bare ikke rør den faldende regn

-2-

Regnen og dens dristige dråber rammer sjælen

Fejer op i fløjter versene i sindet

Og livet er båret væk til vandene

Min kærlighed dit ansigt dine øjne er båret væk

På broen er det fortiden, jeg kalder op

Næver i luften og marcher, politibatoner og gendarmepistoler

Hvad end der er blevet levet, hænger som en drøm i den forseglede afstand

Jeg ser i glæde på bålet tændt af regnen på gaden

Regnens ild tilbage i den menneskelige sjæl, som kærlighed, som håb

Vi står på den brændende jord, overalt kvælet i flammer

Sådan er livet tror jeg

Som stål kvæler det min nakke

Jeg rækker hånden ud mod fortiden

Regnen holder min hånd på plads kun af mine ødelagte år

Det bliver til vand og flyder

Mine 54 år spildt på en eller anden kamp

-3-

Som en lang klagesang falder regnen

Som om dug fugtede vinduerne

Verdens hængsler knækker af

Og himlen lander og trækker sit hår ud

Husk mig i dette vejr min elskede

I bålene tændt af regnen

I ilden, der brændte mig på gaden

Husk mig min kære i alle de ruiner

Jeg, der er ruin for denne verden

-4-

Træt aften ensom aften er trist

Så fald regn, lad verden drikke af det og genoplive

Som om at vågne af en lang søvn

Som barn lærte jeg om fødslen

Men jeg har aldrig forstået døden

...

I år vil denne haves roser ikke blomstre

Vær regnen på gaden og skrub mig ren

…

Jeg er vandet, der flyder over gaderne

Vær min kløft og mit overfyldte ansigt

Lad mig flyde med dig til evigheden

SOM OM DET ALDRIG VAR SKET

Som om det ikke var os, der oplevede det, vi havde
Ikke os, der udtalte de ord.
I søvn slynger havet og månen fra træerne
Fast i fortiden.
Som så mange dage frosset i den dybe vinter.
Det var ikke os, der havde kæmpet som børn
Og ikke os, der elskede hinanden til døden.
Vi, der griner, der græder, der drømmer...
Som om det tikkende er dødstidspunktet
Uanset den anden sandhed, de andre mennesker
Havde oplevet der oplever de igen
Men det er vi ikke længere

Beskrivelse af kærlighed

Hvor mange skibe har jeg set flyve i disse lande

Hvor mange passagerer har jeg set miste sporet af deres hav

Hvor mange fiskere har jeg set kapløb med fiskene

Hvor megen kvaler og sorg har jeg set den uheldige rejse

Hvor meget sult og tørst har de diet på deres blod

Træt, men glad som et barn.

Besværgelser jeg har set for at gøre en ende på begær

Besværgelser, der også gør livet til en ukontrolleret bil

Jeg har lyttet til historier, der sætter deres klokker mod vinden

Jeg kan aldrig mere glemme, de var som en smitsom sygdom

Og besværlige som krige for let fortalt.

Men jeg har aldrig set noget lignende kærlighed i disse lande

Det kaster folk barfodet ud på vejen

Det forkrøbler, der lemlæster.

Translation by Max Møller

Komme ud for

1

Jeg så dig, nattens bier summede i dine øjne.

Søvnløse nætters sol summende

Og fra bakkerne bjergene vender urene alle tilbage til dig.

Deres skorpionhænder tabte og slog af klipperne

Dine øjne var som glimtet af modne vinmarker

Dine bryster, frugt sprænger fra modne grene

Jeg så, at hvor jeg end vendte mig, så jeg kun mig selv

Som om en morder knivskar en i ryggen

…

…

Dig, jeg så knive mig gennem hjertet

Selve mit livs ekko, sagde jeg

2

Så livet vil blomstre på ny, og fuglene vil igen bygge rede

Tiden har sprøjtet sine afgrøder

Efterlader en døv fortid

Efterlader dybe og dødelige minder bag sig.

Men tidens sind vred sig i smerte,

Mit livs ekko har fundet sin sjæl, sagde jeg.

Jeg fødte en kvinde fra mit trætte sind

Venter på det rigtige øjeblik

En kvinde, der ville græde efter mig.

En drøm

Solen et krystalglas i horisonten

Som en tulipanhave suger efteråret det ind

Mine læber på dine læber

Som en myre drikker vand fra åen.

Vi ligger ude på en stor grøn slette

Ved vores dør passerer morgenfesterne

En varm strøm af blod fra top til tå

Vi formerer, jorden en flok blade.

Tomhed

Gennem ord fatter digtere tiden

September bliver februar bliver til maj

De drysser vintersolen over jorden

Det bliver så sæson, - bliver høsttid

I jorden den grusomme jord planter de et træ

Det bliver til en skov, bliver til en skov

Jeg rækker en gren frem til dig

Så du kan tage fat i den med slanke fingre

Det slår rod i dit hår, det bliver til kærlighed

Fra de veje, jeg går, råber jeg til dig

Tager fat i himlen med mine stærke fingre.

Nu i forårets gardiner

Du svæver som en fjer

Jorden en flod, der flyder under dig,

Balanceret, en akrobat på rebet.

September falmer, februar, maj forsvinder

Vintersolen giver hidtil uset frugt

Af kornene laver vores folk varmt brød

Du går side om side med skoven

Som et føl træder du gennem bladene

Tidens dør åbnede på vid gab: helt blå

Denne jord du går på er min.

Velkommen mig, jeg råber sammen med bierne

Jeg er et træ, brisen i bladene på et træ.

Mine tidernes vævning på stenen.

Med bogstaver dekorerer jeg flodens strømning

Jeg, en bølge i vandet, byder mig velkommen.

En dyb blå tomhed mellem os

Med denne tomhed, byd mig velkommen.

En komfort

1Kom, lad os strække os ned til vandet

Vores tøj er netop den luft, vi indånder

Lad din hud synge i mine arme

Vi skal flytte tiden gennem en si.

Lad os pille denne skal fra dig

Og dø i hinandens arme

Sænker faren for kærlighed ind i os

Lad det være vores drivstøv.

Lad denne dybe dal af menneskeheden

Disse vores stakkels hjerter tiltrækker trøst

Når vi elsker i Guds moderliv

I de hellige bøgers sjæl

At elske, dette træk af vand,

At elske, denne store ode.

Intethed

Hvor går tiden langsomt.

Så storslået som klokketårnet i byen, tid.

Gennem træerne faldt intethedens lys over os

Der hvor kanonerne blev vendt mod fjenden.

Er der nogen, der efterligner bierne,

Vores druk dæmper nattens melodi, slukker dens ild

Og kalder selv stjernerne nede på jorden

***

Skrædderen af universet tager nattens mål

Fuglene aflægger løfter på deres eget sprog

Og selvom vi var mange, var der ikke én, der udspionerede os.

Vi blæste ind i mørkets fløjte

Påførte sig lyset, blandede sig med fisken.

Skulle jeg dø, ville jeg være død den nat.

Min far ville have bragt farven lilla før os.

***

Natten var uelsket, vi strippede senere

Og tag mørket på, vi, os to.

Gardin

Havets klokker bølger til os langvejs fra

At gå ned og velsigne gaderne

At bruge dagen på at lege med katte, med hunde

At drikke solen ned i fad af kold øl.

Fortæl et digt fra hukommelsen

Der er ingen på scenen, kun dig i kulissen

Lad dine øjne se dig langvejs fra.

Lad en fremmed springe over din tærskel

Måske vil en skygge blive overladt til hukommelsen,

Lad nu gardinet gå ned.

Invitation

Skynd dig, blæs som vinden,

Tryk på pedalen til dine stramme strenge

Lad de store klipper, der kredser om dig, synge

Lad hvert tegn advare dig om dig

Så dagen forbliver i dit sind, et par flagrende vinger

Lad ikke din skygge sove, men lad den skinne i mørket.

Nu må timens sår blomstre

Og tiden flygter som et afhugget hoved

Indhyllet i denne larm i vores arme.

Løb som en gal, og se dig aldrig tilbage.

Påfør skalpellen til tidens hjerte,

For at åbne et andet sår, åbner et andet sår,

Et sår, der aldrig vil hele,

Dette er vores invitation.

Hvad tiden har os at sige

Som en snegl,

På tørre blade efterlader stier,

Tiden flyder gennem mig

Jeg har haft min del af denne verden-

De sorger, der følger med mudder, beg og bølger,

Efterlad intet sted for kærlighed.

Hvad er jeg så søn af-

Omkring mig som sand vrimler mørket

Og solen og en ørken af is

Taget af ord revner

De bjerge, jeg betroede, falder sammen

Som om jeg var en hule lavet af tvivl

Vinden inde i mig hyler.

LIVET ER EN DRØM

SAMME SKÆBNE

Jeg sover

Deler samme skæbne som træet i haven

På dens grene fuglenes lette søvn

På mine grene tanker natten har skænket

Jeg vågner op

I min drøm tømmermændene kølige regn

I går holdt solen vejret

Og sov i skyggen af mine tanker

DER

Jeg ved

Der i mørket

En muldvarp river i dit hjerte

Som om det vendte jorden på hovedet

I nattens sol

Dit flammetørklæde om halsen

Det kommer ned ad den vej, du går

Og som en nattefugl

Jeg binder mig til smertens robuste reb

At bære mig selv ind i en gåde

Her i mørket

Jeg ved, vejen vil varme mine knogler

Også selvom det hænger mig ud som et lagen i vinden.

DIN SKYGGE

Du er langt væk, vinteren fløjter ved dit vindue

Gennem skoven i dig blæser nordenvinden

Stenagtigt er du alene i den mørke nat

Bliver til et billede, der falmer ud af syne

Men jeg er et stjerneskud tabt i rummet

(som faldende hår, der ikke efterlader et spor)

Jeg elsker dig, selvom jeg kun er mos på din skygge

Hvad er ligeglad med, hvem der engang forvildede sig fra den rigtige vej

LIVET ER EN DRØM

1.

Som om jeg var trådt ind i verden tre gange

Over jorden flød tre floder

Leverer deres vand til det store hav

Deres sten efterlod deres sand udenfor

Kanten er betydningen af den første flod

Hvor i samme figur alle grene mødes

Vraget af en robåd smadrede

På klippens svæver i mig

Den anden, mens han forsøgte at forstå dens forløb

Dykker i bjergene ned i dens strøm

Livet er en drøm, står der, men fortaber sig

Inden i drømmeriet, den svømmede, gik den igennem

Det sidstes ord ligger i dets flow

Som den fanger tiden gennem sit hår

Ånden på hvert sted, den passerer

Dråber om natten ned på mine knæ.

2.

"Livet er en drøm" og et syn tabt

Jeg bliver kvalt af at se sindet

Roaming uden sted at lægge hovedet

Men den snurrer af glæde som en fugl

Jeg ser på dens skygge og glemmer alle mine breve

Denne drøm så kort som aftentimerne

Så længe morgenens skygge

Her er vinteren, der synes sig selv en sang

Cirkler som en hund, der prøver at bide i dens historie

Men jeg vil kun flyve som sne

Sne, der ikke har andet end sine vinger

Dette digt efterlader min fattigdom

Knuden i min hals løsner sig

I min krop en drømmelivsrede

I min krop fejrer den fest, fuglene fejrer.

DEN ENESTE VIRKELIGHED

Livet er en sand jæger

Springer over sit bytte

I drømme flyver fuglene

Dagene flimrer afsted

På denne enorme nat

Kun blomsten blomstrede vi

Som begge sider af papiret

Dette øjeblik, hvor vi virkelig er den eneste virkelighed

DET SIDSTE MÅLTID

Sletternes barfodede raseri

Som hylen af buske.

Tidens hammer slår på stilhed.

En linje eller to:

Svaler fanget i stormen

Se efter et tag til læ

Livet sidder slået i hjørnet

Vending og vending siden af februar

KROPPEN

Min verden spreder sig på en væg

Så meget ondskab har jeg set, at jeg ikke tror længere

I det gode

Jeg er mørke

Som jord vendes min krop på hovedet hvert år

Jeg svømmer i den sorte sø

Gennem dets vand dybt og køligt

Mit kors er klar

En tornekrone på mit hoved

Som om jeg var forladt til evigheden

I mit poetiske rige er jeg konge

Men min sjæl hungrer stadig

Enden af rebet er bundet til natten

Som jeg lærer at flyve

EN HEMMELIG SOL

I skoven en hemmelig sol, i et krat

Fanget liv, fugtigt som en musling

Jeg stryger den med søde hvisken

Det kalder mig som betydning skælver

Et blad falder fra en gren, i mit hjerte

De slidte møllesten maler

I tomheden hver af mine ønsker

Et gys og en helt ny have: nat

Smykkeskrinet af minder åbnes.

SÅR

Lad min trone være rindende vand

Min bolig de høje bjerge

Bare så jeg kan fatte livet

Lad mit sår bløde og bløde

Lampen

Stadig som en sø duften af din krop

Så tæt, at jeg svømmer igennem den

Dens dybde stiger med flimren fra flammen

Dens tunge som det opsvulmede hav

Ved hvert slag kommer jeg lidt tættere på

Ved hvert slag byder lampens skygge mig velkommen

Søvnen kommer ikke frem og tilbage igen

havet af flimrende flamme tusindvis af stjerner spor

Omkring den måne en lille skygge

Jeg skal træde forsigtigt, man kunne drukne i

Dybets tvivl

Forsigtigt rækker jeg ud og dæmper lyset

Som om det ikke var mig, strakt ud træt fra top til tå

Men lampen der trak Aladdin ud af sig selv..

Nat

Levende billede af livet, nat

Spilder over jordens bredde

Til dets rolige kærtegnende flow har jeg forladt mig selv

I bølgen, hvor stjernerne falder i søvn

Det spreder sig som guldstøv

Spænder en kæde af sølv over den fjerne kyst

Jeg rækker min hånd ud til dens ansigt

Solen trækker sig atter tilbage i hulerne

JEG DRIKKER DEN GIFT, DER TILBYDES I MARTS MÅNED

Pendulet, der svinger mellem os

Ved intet om matematik

Heller ikke hvordan man læser hvordan man skriver

Lige pludselig

Afgrænser ned ad bjergene til dalene

Ligesom distancerende multiplicering

Kærlighedens engel klumper på sin guitar

Og jeg drikker giften fra marts måned

Rose

Din velskabte have i det billede af mig

Som fortiden, jeg kastede mig ud i, for aldrig at vende tilbage

Vil altid blomstre så smukt der

Vil blomstre for evigt der

Haven i det billede af mig

TRÆ

Den lever i sin egen dybde

Arbejder om jorden og himlen

Morgen til aften

Tilfreds med vand og himmel

INGENTING

Dog er fuglene

Der migrerer om efteråret,

Ligesom en mand bliver ført bort

Ved sin skæbne

Fra Den Store Kærlighed

Lilla stilhed

Fald ind i kærlighedens brede tempel

Ind i sprogets bløde skum tumler

Og blive født på ny blandt røde lys

Dyk ned i larmende måneskin

Ind i måneskinnets fosfor, der falder på lyd

Og som regn klædt i blåt

Stræk ud til det, du endnu ikke har levet

Der, hvor lystens kald vokser sig større

På din rejse går, spring ind i mørkets arme

At tale, se, alt det, der gør os til os

Lad det blive i den dybe hukommelses folder

Lilla stilhed, rimene i vores ånde

Floden, der flyder i bølger mellem os

Og den bløde træthed vi rækker ud efter

Efter fornøjelser, der stjæler ind før morgenen

Lad dem mødes om aftenen

Som to konvergerende divergerende veje.

I den blomstrende tomhed af ego

Find dig selv, tab dig selv

Alt hvad du har levet og endnu ikke har levet

Dine kampe, dine kærligheder

Lad dem blande sig med de evige bølger

Det som en morgen med hukommelses flow i springvand.

Fra Ungdommens Tidsalder

Modstand

"Prøv det umulige, bøj dig ikke"

sagde min far, "som en granitstatue

stå, stolt og værdig

præsentere dig selv sådan for de tørstige guder

lad dit hoved være en sky på dine skuldre"

Jeg prøvede det umulige, det piskede mig med lidenskab

fortæller lynende, smerte graver hjerte

mørtel skiller, sten af mur falder

som rosenblade, en efter en

og vælter pludselig med sjæle af genstande

nu er jeg et bjerg i ild og smerte

i min unge barm, skøre bølger

eksploderer med tordnende himmel

og døden er så tillokkende

at jeg hele tiden prøver karabin i mig

hvil i fred, far

Jeg vil prøve det umulige igen

med konstant eksploderende karabin i mig

Fra kærlighedssalmer

kærlighedssalmer/beskrivelse

Kærlighed

Der er pludselig noget i dit ansigt

Himlen deler sig, en frisk regn, på gaderne træerne

Der er noget, jeg siger, en rose, der dufter af sommer

Formerer sig gradvist i solen på dit ansigt

Der er også noget andet, uvidendeS

Skarer, der vandrer gennem et fatamorgana, ser det ud til

En flod, afbrudt fra natten

Flyder i de dejligste drømmes farve

Der er noget, en rest af de ældste

Aldre husket til tider, men nu glemt

-det vi kalder kærlighed, er måske dette

et gys, en dønning i dit latter af varmt blod

Kærlighedssalmer/begyndelse

Bøn

Indtil morgen bad jeg

"beskyt mig åh kærlighed fra mig selv"

Lad mig komme ud, sagde jeg fra mine klæder

"beskyt mig fra materiens ondskab"

Jeg gentog prøvelsen

"beskyt mig fra min sjæl"

"smelt mig i din kærlighed, lad mig forsvinde

Skærm mig fra min kærlighed"

"brænd mig i din ild

Skærm mig fra min aske"

Kærlighedssalmer/trilogi

Kærlighed ... misundt af døden

Din sang genlyder gennem denne sørgelige by

Og dens smukke blomstrende sjæl synger jeg

Din sang udhuler den med træer hvordan

De barmhjertige stjerner beder Herren

For sådan skal en stjerne være

For det er sådan, stilhed nipper til smerte som vand

   misundt af begærlig død

Og sådan stormer dette hjertefelt

Mens det koger, bor mørket så smukt i mig

Jeg vil have dig til at læse, jeg vil skrive dig

Krydse dit kort fra kant til kant

Udhule det med at tænde dåen

har mistet sig selv flyvende gennem skoven

      misundt af den mørke død

Til en ildgud, du viede jeg min sjæl

Så ordene i mit digt ville finde liv i din stemme

Roserne i alle deres afskygninger åh gazelle

Himlen er spredt ud foran os min elskede

Lad dem, der ser, kalde os to imaginære floder

Flettet, snoede sig gennem tågerne

      misundt af den evige død

KEDSOMHED

Tanker, som antager mørkets farve

Blomst som blomstrer i uro

Hastværket på hver side, jeg læser

I denne uformelige tid

Hvordan det vokser

Som et træ, der fylder min have

I hvis skygge jeg læser bøger

Øde

sidder inde i mig som en sten

***

Denne frygt skal graves, det lugter

Billedet, der truer os, slutter aldrig

Måske skulle vi være jord igen

Gader har ingen skygge, hverken gren

Det er meningsløst at se udenfor

Skærme, der kommer mod os ved at blive større

Dette billede, som vi bærer på os

Hvis det går sådan, vil vi dø ved at falde tomheden i os

Ensomhed, som vi holder, er en kæmpe kedsomhed

Fordi min bror du er her heller ikke.

Din sang xx

En blå skygge af lys

Så moden som frugten af den store sommer

Rystende i dine ord prøver af havbrisen

Kom ind i laboratoriet af den kolde brise

Dine grene hælder mod dagen

Så fuglen på den rører floden

Som krige, der giver sorg

Kærlighed er hjertets hammer

Selv nederlag ryster dig ikke

Sværdet ved, at det ikke har nogen effekt

mod entusiasme

Som du kalder livet, er det ikke en kendt kyst

Der reflekterer sin ild fra genstand til genstand?

Det jeg læser er din sang

Det afspejles fra stridbare, høje klipper

Som hymner, der længe har været forbudt

Når det en gang begynder

Det brænder vandet fylde morgen

DRØMMEN

Vi fjernede ukrudtet

Vendte jorden, lader den ånde

Vi vandede jorden med himlens farve

Vi sprøjtede skovens skygge, for at den ikke skulle blive frisk

Vi ryddede jorden

For at gøre stærke råd endnu stærkere

Sådan et smukt smil har figenen

Når det blev vandet

Den blomstrer digte som en nellike pink

Dens smil troede mig havearbejde